Pescoller Celine

D1719904

(K)Ein Zuhause

Die schmerzvolle Lebensgeschichte

der Südtirolerin Marianna Stabinger

und ihre Suche nach einem Zuhause.

Basierend auf einer wahren Begebenheit.

Impressum

Druck und Vertrieb im Auftrag der Autorin: Buchschmiede von Dataform Media GmbH, Wien

www.buchschmiede.at - Folge deinem Buchgefühl!

Besuche uns online

ISBN:
978-3-99152-969-9 (Paperback)
978-3-99152-955-2 (Hardcover)
978-3-99152-956-9 (E-Book)

PRINTED IN
AUSTRIA

Inhalt

Prolog 5

Kapitel 1: Der fremde Mann.......................................6

Kapitel 2: Wie alles begann 9

Kapitel 3: Verstecken ist kein Spiel........................12

Kapitel 4: Alles hat ein Ende … 16

Kapitel 5: Im Zug...21

Kapitel 6: Allein an einem fremden Ort 23

Kapitel 7: Die Flucht 27

Kapitel 8: Mein Leben in Scherben 29

Kapitel 9: Mein „neues" Leben 31

Kapitel 10: Die Kutsche 34

Kapitel 11: Das Ende?...36

Kapitel 12: Außer Puste 38

Kapitel 13: Meine „Mutter".....................................42

Kapitel 14: Mein Leben in Angst 44

Kapitel 15: Der Carabinieri 47

Kapitel 16: Eine schwere Entscheidung 49

Kapitel 17: Auf der Suche … 52

Kapitel 18: Happy End? 55

Kapitel 19: »Warum?« 58

Epilog 60

Prolog

»Das ist alles so schwierig …«

Das sind Mariannas erste Worte, als sie anfängt, mir von ihrem Leben zu berichten. Dennoch erzählte sie ihren Kindern und Enkeln immer wieder Geschichten aus ihrer Vergangenheit, bis diese irgendwann sagten: »Das musst du doch aufschreiben!«

So kam ich ins Spiel. Ich lernte Marianna als eine sehr zuvorkommende, großzügige, humorvolle – und vor allen Dingen – starke Frau kennen. Denn hinter ihrem freundlichen und gutgelaunten Gesicht verbarg sich viel mehr als man zu ahnen glaubte. Marianna hatte in ihrer Kindheit und Jugend viel durchmachen müssen und leidet heute noch darunter, wenn sie daran zurückdenkt. Aber was genau ist ihr damals widerfahren? Was war ihr größter Traum? Ging er in Erfüllung? Alle Antworten finden sich in diesem Buch, geschrieben aus Mariannas Perspektive. Definitiv mitreißend.

Kapitel 1: Der fremde Mann

24. April 2019. Es war sechs Uhr abends, als plötzlich mein Handy klingelte. Wer das wohl sein mochte? Eins meiner Kinder? Oder eins meiner lieben Enkelkinder? Tatsächlich war es Karin, die Frau meines Enkelsohnes Roland. Ich freute mich, von ihr zu hören. Doch dann fragte sie mich, ob ich denn wusste, dass ich einen Bruder hatte. Entrüstet antwortete ich: »Nein! Wie kommst du denn darauf?« Da erzählte sie mir, dass sie heute im Hotel ‚Mondschein' Telefon von dessen Enkel bekommen habe. Ich fiel von allen Wolken. Nein, da musste es sich bestimmt um ein Missverständnis handeln. Wahrscheinlich hatte er mich verwechselt. Das sagte ich auch Karin. Aber diese war sich da nicht so sicher. Sie meinte, dass alles zusammenpassen würde, weshalb sie ihm meine Telefonnummer gegeben hatte. So konnte ich mir selbst anhören, was er zu sagen hatte und entscheiden, ob ich ihm glauben wollte, oder nicht. Auf jeden Fall sollte ich mich nicht wundern, wenn ich demnächst einen Anruf von einer unbekannten Nummer bekam. Das war doch absurd, dachte ich mir. Aber noch am selben Abend rief er an. Tatsächlich wollte er mir weismachen, dass ich seine Großtante sei. Wie konnte das sein? In seinem italienischen Akzent meinte er, dass ich einen Bruder gehabt hätte, der vor einigen Jahren gestorben sei, weshalb er sich auf die Suche nach seiner restlichen Familie gemacht hatte. Er wollte einfach herausfinden, wo sein Großvater herkam. Jener selbst hatte es nämlich nie wissen wollen. »Wenn sie mich nicht haben wollten, will ich sie auch

nicht«, hatte er angeblich immer wieder gesagt. Er fühlte sich abgeschoben, unerwünscht und verraten von seinen leiblichen Eltern – genauso wie ich. Der große Unterschied bestand jedoch darin, dass mein Bruder schon gleich nach seiner Geburt nach Bozen in ein Heim gegeben wurde und von einem Paar, das selbst keine Kinder bekommen konnte, adoptiert worden war. So wuchs er schließlich in einer liebevollen Familie auf, heiratete später und bekam in Vicenza vier Söhne sowie eine Tochter.

All das erzählte dieser fremde Mann mir. Anfangs wollte und konnte ich es gar nicht glauben. Auch mein Enkel Ossi, der damals bei mir war und alles mitangehört hatte, war zu Beginn sehr skeptisch und vermutete, dass es sich um einen Trickbetrüger handelte, der eine alte Frau wie mich nur ausnutzen wollte.

Doch es passte einfach alles zusammen. Jegliche Details stimmten und ergaben einen Sinn. Ich spürte, wie mir die Tränen kamen, als ich realisierte, dass ich wirklich einen Bruder gehabt hatte. Einen Bruder, der den Beschreibungen zufolge sehr liebevoll, witzig und fürsorglich gewesen war und der obendrauf auch noch viel für die Gemeinde getan hatte ... Ein wirklich toller Mann also. **90 JAHRE** musste ich alt werden, um das zu erfahren! Um zu erfahren, dass ich einen Bruder hatte. Gehabt hatte. Bereits 1979 im Alter von 47 Jahren – viel zu früh also – war er gestorben. Nun hatte ich noch nicht mal mehr die Gelegenheit, ihn kennenzulernen. Paolo Segalin hatte er geheißen und war nur ein Jahr jünger gewesen als ich. Ich fühlte mich, als würde ich ersticken. Ich wusste nicht, ob ich weinen oder lachen sollte. Kurz gesagt: Es war ein Schock! Ein Schock, den ich erst einmal verarbeiten musste.

Natürlich freue ich mich heute über den Familienzuwachs. Denn ein oder zweimal im Jahr kommen nun all meine bisher unbekannten Neffen und Nichten samt ihren Kindern und Enkeln zu Besuch. Dann haben wir Full House sozusagen und viel Spaß zusammen.

Aber damals musste ich mit den neuen Informationen erst klarkommen. Diese Nachricht warf mich zurück. Sie warf mich zurück in meine Vergangenheit, die ich eigentlich schon längst verdrängt hatte. Doch nun kam ich nicht drumherum immer wieder darüber nachzudenken. All die schrecklichen Gefühle und Erinnerungen prasselten auf einmal auf mich ein. Ich konnte nichts dagegen tun. Immer noch zog sich alles in mir innerlich zusammen, wenn ich an meine Kindheit und Jugendzeit dachte. Stundenlang lag ich nachts oft wach, erinnerte mich zurück, träumte davon und vergoss nicht selten mehrere Tränen.

Öfters erzählte ich auch meinen Kindern und Enkeln von damals und sie hörten mir stets aufmerksam zu, lauschten gespannt meinen Geschichten und meinten schließlich irgendwann zu mir: »Warum schreibst du nicht ein Buch?« Anfangs war ich noch etwas skeptisch, doch dann beschloss ich, dass dies eine gute Möglichkeit war, um meine Vergangenheit zu verarbeiten und mit ihr ein für alle Mal abzuschließen, ohne dass sie je in Vergessenheit geraten würde.

Kapitel 2: Wie alles begann

Am 6. Februar 1931 erblickte ich das Licht der Welt. Ich schrie, sehnte mich – wie jedes Neugeborene – nach meiner Mutter. Doch diese hatte andere Pläne mit mir. Paula Hellweger arbeitete damals nämlich als Kellnerin beim ‚Lamm‘ in Welsberg und hatte überhaupt keine Zeit für ein weiteres Kind. Schließlich war sie schon mit meiner älteren Schwester Irma mehr als überfordert.

So kam es, dass ich nach Kaltern, genauer gesagt nach St. Nikolaus, kam, wo ich von einer Ziehmutter namens Caroline Michele aufgenommen wurde. Die Verhältnisse, in denen wir lebten, waren ärmlich. Dennoch kümmerte sich die Ziehmutter meist liebevoll um mich und die drei anderen Kinder, die es großzuziehen galt. Sie arbeitete hart, putzte, kochte, ging aufs Feld – ich hatte damals den Eindruck, dass es einfach nichts gab, was sie nicht konnte. Außerdem aß sie manchmal sogar selbst eine Scheibe Brot weniger, damit wir so wenig wie möglich hungern mussten. »Ja, meine (Zieh-)Mama ist einfach die Beste«, dachte ich damals.

Der Hof meiner Ziehmutter in Kaltern*: Mein erstes Zuhause*

Hinzu kommt, dass bei uns immer etwas los war. So war beispielsweise auch die Großmutter namens Naddel meist vor Ort, mit welcher ich stets zusammen die Ziegen hütete. Daran erinnere ich mich gerne zurück. Denn es bereitete mir stets große Freude, auf der Weide zu sein, mit den Tieren herumzutoben und immer wieder mit Naddel unter einem großen Baum zu rasten. Weiters sammelte ich leidenschaftlich gerne Schnecken und spielte viel mit den anderen Kindern, die ich damals natürlich als meine Geschwister betrachtete. Langweilig wurde mir demnach so gut wie nie.

Ich war glücklich und sorglos; schließlich hatte ich eine Familie und eine Mutter, die sich um mich kümmerte.

Doch diese ersten schönen Jahre meiner Kindheit vergingen leider wie im Flug. Auch meine (Zieh-)Mama meinte, ihr käme es noch wie gestern vor, dass ich meine ersten Schritte gemacht und Windeln getragen hatte; und nun sei ich schon so ein fleißiges und großes Mädchen geworden.

Schon bald hatte ich den Kindergarten in Kaltern abgeschlossen und besuchte im Alter von sechs Jahren die Volksschule dort.

Kapitel 3: Verstecken ist kein Spiel

Für Außenstehende ist es wohl kaum vorstellbar, wie erschüttert ich war, als es eines Tages hieß, dass heute meine Mutter zu Besuch kommen würde. Nein, ich verstand die Welt nicht mehr. Sollte das ein verfrühter Aprilscherz sein? Ich hatte doch schon eine Mutter und bisher hatte ich noch niemanden getroffen, der zwei Mütter hatte. Zudem kannte ich diese Frau, die heute vorbeikommen sollte, nicht einmal … Wie sollte es also meine Mutter sein? Ich musste folglich nicht lange überlegen, um zu wissen, dass ich diese Frau auf keinen Fall sehen wollte. Demnach beschloss ich mich zu verstecken. Doch wo? Hinter dem Vorhang würde man mich sicher sofort entdecken, weil meine Füße herausschauten, und unter dem Bett hatte ich nicht mehr Platz. Außerdem würde man mich in meinem Zimmer bestimmt zuerst suchen … Verzweifelt überlegte ich, wo ich mich verstecken konnte. Die Zeit lief mir davon. Aber da kam mir auch schon die rettende Idee: Der Strohhaufen hinter dem Haus!

Ich lief, was das Zeug hielt. Schließlich wusste ich ja nicht, wie viel Zeit mir noch blieb. Völlig außer Puste kam ich am Strohhaufen an und warf mich hinein. Meine Lungen brannten. Trotzdem versuchte ich so gut wie möglich, die Luft anzuhalten. Alles war still. Das Einzige, was ich hörte, war das Rauschen des Windes in den Blättern der Bäume. Ich horchte angestrengt weiter. Doch so sehr ich mich auch bemühte, ich konnte kein Geräusch vernehmen. Vielleicht kam sie ja doch nicht heute? Allerdings konnte ich nicht riskieren, mein Versteck jetzt schon zu verlassen und dieser Frau womöglich direkt in die Arme zu laufen. So verharrte ich im Stroh und strengte mich an, nicht zu niesen.

Die Zeit verging, ich konnte nicht einschätzen, wie lange ich mich jetzt schon hier versteckte. Mein Körper war in ständiger Alarmbereitschaft, meine Nerven und Sinne so angespannt, dass mir jede Minute wie eine Stunde vorkam.

Da hörte ich plötzlich ein Auto heranfahren. Ich war mir sicher, dass es diese Frau sein musste, die sich als meine Mutter ausgab. Ich stellte mir vor, wie sie die Treppen zu meinem Zimmer hochschritt, vielleicht sogar an meiner Tür klopfte und schließlich hineinging und meinen Namen rief, weil sie mich nirgends finden konnte. Beim Gedanken daran, musste ich ein Kichern unterdrücken. Gleichzeitig schlug mir das Herz immer noch bis zum Hals, weil ich nur hoffen konnte, dass mein Versteck gut genug sein würde und dass mir meine (Zieh-)Mama nicht böse war.

Das erneute Aufbrummen eines Motors riss mich aus meinen Gedanken und ließ mein Herz wieder ein wenig leichter werden. Jedoch wollte ich nichts riskieren und zählte innerlich noch dreimal bis hundert. Erst dann traute ich mich endgültig wieder, meinem Kopf aus dem Stroh zu stecken und herauszuschauen. Die Sonne stand schon nur mehr halb so hoch wie vorhin, aber alles war ruhig und weit und breit niemand zu sehen. Also huschte ich schnellstmöglich zum Haus und schlüpfte beim

Hintereingang hinein. Da ich genau wusste, wo ich um diese Zeit meine (Zieh-)Mama finden konnte und ich weiters von einem schlechten Gewissen geplagt wurde, ging ich schnurstracks in die Küche. Sie stand mit dem Rücken zu mir am Herd.

Noch bevor ich es mir anders überlegen konnte, drehte sie sich zu mir um und fragte, wo ich denn gewesen sei. Augenblicklich begann ich zu weinen, murmelte ein leises »Entschuldigung« und rechnete fest mit einer Standpauke. Zu meinem Erstaunen und zu meiner Erleichterung schien mir meine (Zieh-)Mama allerdings überhaupt nicht böse zu sein. Sie strich mir die Tränen von den Wangen und deutete mir, mich hinzusetzen. Dann erklärte sie mir, dass es sich bei der Frau, die heute hier gewesen war, um meine biologische Mutter handelte, ich also aus ihrem Körper stammte und ihre Gene in mir trug. Weiters beteuerte sie, dass es ihr unglaublich leid tue, dass sie mich nicht eher aufgeklärt hatte, aber dass ich für sie immer wie eine Tochter gewesen sei, auch wenn sie nicht wirklich meine Mutter war. Ich jedoch meinte damals, dass sie für mich immer meine einzige richtige Mutter sein würde. Meine (Zieh-)Mama lächelte, drückte mir einen Kuss auf die Stirn, flüsterte aber, dass meine leibliche Mutter wahrscheinlich wiederkommen würde, weil auch diese ein Recht darauf habe, mich kennenzulernen. Wieso sie dieses Recht haben sollte, verstand ich nicht. Aber ich wollte auch nicht weiter darüber diskutieren und meine (Zieh-)Mama schlussendlich doch noch wütend machen. Also hoffte ich einfach inständig, dass sie nicht mehr kommen würde. So vergingen Wochen und Monate, ohne dass sie je wieder kam. Zum Glück. Ich lebte mein relativ unbeschwertes Leben weiter und verschwendete schon bald keinen Gedanken mehr an den Vorfall.

Bis sich eines Tages alles änderte …

Kapitel 4: Alles hat ein Ende …

Ich war gerade einmal acht Jahre alt und saß brav in meinem Zimmer bei den Hausaufgaben, als ich plötzlich eine unbekannte Stimme hörte. Neugierig wie ich war, spähte ich natürlich sofort aus dem Fenster und sah eine fremde Frau. Was die wohl hier wollte? Ich stellte fest, dass die Frau ähnlich wie meine Ziehmutter gekleidet war. Sie schien also ebenfalls eine Bäuerin zu sein. Das beruhigte mich etwas. Vermutlich ging sie zu den Nachbarn. Doch sie steuerte direkt auf unser Haus zu und dann … klopfte es bereits an der Tür. Nicht lange später wurde diese auch schon geöffnet. Instinktiv zog sich alles in mir zusammen. Sofort musste ich an den Vorfall vor einigen Monaten zurückdenken … Ich hoffte inständig, dass es sich bei der Frau nicht um meine angebliche Mutter handelte. Ich wollte sie einfach nicht kennenlernen. Nicht, nachdem sie mich acht Jahre lang alleine gelassen hatte. Außerdem war ich zufrieden mit meinem Leben hier auf dem Hof mit meiner (Zieh-)Mama, Naddel und meinen „Geschwistern". Ich brauchte sie nicht. Jetzt nicht mehr.

Nein! Schnell schüttelte ich den Gedanken wieder ab. Wenn mir meine Mutter einen Besuch abstatten würde, hätte mich meine (Zieh-)Mama bestimmt vorgewarnt. Es handelte sich bei der Frau sicherlich nur um eine Freundin oder eher eine flüchtige Bekannte, die nur eben etwas vorbeibrachte. Oder?

Leise schlich ich mich zur Zimmertür und öffnete sie einen kleinen Spalt. Vielleicht konnte ich ja mitbekommen, worüber sich die beiden unterhielten. Natürlich wusste ich, dass es nicht in Ordnung war, zu lauschen, aber so könnte ich mich zumindest bald wieder beruhigt meinen Hausaufgaben widmen. Oder auch nicht …

Nur kurze Zeit später vernahm ich auf einmal Schritte auf den Treppen. Jemand kam herauf! Und es war nicht die (Zieh-)Mama. Das erkannte ich schon an den Schritten, die schwerfälliger und langsamer waren als die ihrigen. Aber warum nur? Normalerweise ließ die (Zieh-)Mutter nur selten jemanden herauf. Das konnte kein gutes Zeichen sein. Aber vielleicht ging sie ja auch in ein anderes Zimmer. Und wenn nicht? Sollte ich mich verstecken? Aber nein, dafür blieb mir ohnehin keine Zeit. Schnell huschte ich zu meinem Stuhl zurück. Nicht, dass man mich am Ende noch beim Lauschen erwischte. Angestrengt versuchte ich mich weiter auf meine Matheaufgabe zu konzentrieren, auch wenn klar war, dass ich das erst wieder konnte, wenn diese ominöse Frau gegangen war.

Da hörte ich auch schon das Knarzen meiner Zimmertür. »Hallo, Marianna«, sagte die fremde Frau. In meinem Kopf schrillten die Alarmglocken. Stocksteif saß ich da und traute mich nicht, mich umzudrehen. Schließlich räusperte sie sich, wiederholte meinen Namen noch einmal – und weil ich immer noch keine Reaktion zeigte – rief sie schließlich »Marianna, jetzt steh doch bitte auf und komm mit mir mit. Ich werde dich zu uns nach Reischach bringen.« Als ich nichts erwiderte und weiterhin geradeaus starrte, fügte sie noch hinzu: »Dort wirst du es gut haben. Das verspreche ich dir.« Mir jedoch war ganz egal, was sie mir versprach. Nirgendwo würde ich hingehen. Ich würde hierbleiben, komme was wolle. Außerdem war die (Zieh-)Mama da ganz bestimmt auf meiner Seite und würde mir helfen. Also erwiderte ich ruhig: »Hier habe ich es doch auch gut. Nein, ich bleibe hier.« Schließlich konnte mich doch niemand zwingen, mein Zuhause zu verlassen. Oder?

Aber die schreckliche Frau, welche vermutlich dieselbe war, die sich als meine Mutter ausgab – eine Frechheit, wenn man bedenkt, dass ich sie nicht einmal kannte – meinte nun schroff, dass ich nicht hierbleiben könne und ich auf der Stelle mitkommen solle. Dann war alles still. Ich hatte alles gesagt, was ich zu sagen gehabt hatte und meine Meinung würde sich auch nicht mehr ändern.

Als sie merkte, dass ich immer noch keinen Anstand machte, aufzustehen und wohl auch nicht freiwillig mitkommen würde, packte sie mich am Arm und schrie: »Ich habe heute keine Zeit für Spielchen. Wir gehen JETZT!«. Neeeiiinn!! Mein Herz pochte vor Angst und Wut! Ich wollte nicht weggehen. Doch sie zog mich die Treppen hinunter. Ihre Hand war wie ein Schraubstock um mein Handgelenk geschlossen und ich stand zu sehr unter Schock, um mich zu wehren. Konnte mich wirklich eine fremde Frau einfach so mitnehmen? Wo war meine (Zieh-)Mama? Warum half sie mir nicht? Warum sprach sie kein Machtwort? Dies war doch schließlich ihr Haus und ich irgendwie doch auch ihre Tochter.

Als wir allerdings schon fast die Haustür erreicht hatten und ich realisierte, dass ich auf mich allein gestellt war, setzten plötzlich mein Verstand und meine Kraft wieder ein. Ich schlug um mich, kam aber nie weiter als zwei oder drei Treppen, bis die Frau mich wieder zurückkriss. Dann hatte ich jedoch plötzlich eine blendende Idee: Ich biss zu. Mit voller Kraft. Das musste wohl weh getan haben: Denn die böse Frau stieß einen gellenden Schrei aus. Ihr Griff hatte sich gelockert und ich nutze die paar Sekunden, um mich loszureißen und wieder die Treppen hochzulaufen, rein ins Zimmer zu der (Zieh-)Mutter.

Jene saß zu meiner Überraschung auf der Bettkante und weinte leise vor sich hin. Ihre Augen waren rot und ihr Gesicht aufgequollen. Dieser Anblick tat mir im Herzen weh. Bisher hatte ich sie noch nie weinen sehen. Verzweifelt klammerte ich mich an ihr Bein. Ich fühlte mich verraten, weil sie mich nicht vorgewarnt hatte und nun nichts gegen diese Frau unternahm. »Ich will nicht gehen, bitte, bitte …« flehte ich sie an. Tränen brannten nun auch in meinen Augen. Da wischte mir die (Zieh-)Mutter mit ihren rauen Daumen ein paar Tränen von den Backen und flüsterte: »Weißt du noch, als ich dir gesagt habe, dass ich nicht deine richtige Mutter bin? Ich habe dich immer großgezogen wie mein eigenes Kind und du bist mir in den acht Jahren sehr ans Herz gewachsen, aber wir haben leider keine andere Wahl. Du musst mitgehen.«

»Nein!«, rief ich. Doch ich sah, dass es ihr Ernst war. Ich verstand einfach nicht, wieso ich gehen musste. Aber mir blieb auch keine Zeit mehr nach dem Warum zu fragen. Denn da stand schon wieder diese Frau im Zimmer und schrie völlig außer Atem: »Das L*der hat mich gebissen!« und schaute vorwurfsvoll zuerst mich, dann meine (Zieh-)Mutter an. Diese jedoch ignorierte sie einfach, strich mir übers Haar und versprach mir, mich bald besuchen zu kommen, wenn ich brav war. Trotzdem wollte ich mich nicht so einfach geschlagen geben.

Kapitel 5: Im Zug

Leider konnte ich allein nicht viel ausrichten. Das Ganze endete, indem mich die fremde Frau mit Gewalt zum Bahnhof nach Kaltern hinunterzerrte. Zur Unterstützung und wohl auch zu meiner Beruhigung hatte die (Zieh-)Mutter meine Ziehschwester Irma mitgeschickt. Trotzdem schrie und weinte ich; ich versuchte mich loszureißen, auch wenn ich wusste, dass es nicht viel Sinn hatte, weil ich nicht weit kommen würde, ehe man mich wieder einfing. Ich kam mir vor wie ein gefangenes Tier, ohne jegliche Rechte.

Irgendwann saßen wir dann alle im Zug. Bis auf Irma, die meine Hand hielt, waren mir alle Leute fremd. Zudem sprachen die meisten von ihnen nicht meinen Dialekt, sondern Hochdeutsch, was sie noch befremdlicher wirken ließ. In einem anderen Moment hätte ich die Zugfahrt wahrscheinlich aufregend und toll gefunden, doch angesichts der Tatsachen konnte ich nicht anders, als aus dem Fenster zu starren und unerbittlich zu weinen.

Mein Herz pochte. Ich wollte nicht weg. Innerlich kochte ich vor Wut. Zugleich hatte ich aber auch schreckliche Angst vor dem, was mich nach dem Aussteigen aus dem Zug erwarten würde. Bisher hatte ich Kaltern noch nie verlassen. Die gesamte Fahrt über sprach ich kein Wort. Denn dafür war ich viel zu sehr mit meinen Gedanken beschäftigt. In meinem Kopf spukten tausend Fragen: Würde ich meine Freundinnen aus Kaltern je wieder sehen? Und würde mich meine (Zieh-)Mutter wirklich bald besuchen kommen? Wo war dieses Reischach? War es sehr weit weg? Sollte ich nun zu meiner leiblichen Mutter kommen? Letztere war die schlimmste aller Fragen.

Kapitel 6: Allein an einem fremden Ort

Als wir schließlich abends am Hof in Reischach ankamen, war ich mit meinen Kräften total am Ende und fühlte mich so ausgelaugt und müde wie noch nie. Wahrscheinlich musste man mir meine Erschöpfung angesehen haben, denn ich durfte mich gleich ins Bett legen … mit Irma! Dass sie bei mir schlafen würde, war – auch wenn ich das in diesem Moment nicht richtig zeigen konnte – eine unglaubliche Erleichterung für mich. Vielleicht konnte ich ja doch morgen früh wieder mit ihr zurückfahren. Mit diesem Gedanken döste ich schon bald ein.

Mein Schlaf war allerdings sehr unruhig und leicht, weshalb ich sofort aufwachte, als ich im Nebenzimmer zwei laut diskutierende Stimmen vernahm. War das? … Ich drehte mich zur Seite – Irma?! Warum lag sie nicht mehr neben mir und sprach stattdessen mit jemanden, dessen Stimme ich niemandem zuordnen konnte? Angestrengt lauschte ich; verstand jedoch nicht viel, weil ich immer wieder nur ein paar Wortfetzen mitbekam. Allerdings fiel öfters mein Name, weshalb ich wusste, dass es um mich ging. Bestimmt würde sich Irma für mich einsetzen, dass ich morgen wieder mit ihr nach Hause fahren durfte. Aber was, wenn sie es nicht schaffte, die andere Person zu überreden? Was würde dann aus mir werden? Schon wieder liefen mir Tränen über die Wangen. Aber da die Diskussion langsam wieder abebbte und ich vermutete, dass Irma bald wieder zu mir ins Bett kommen würde, verkroch ich mich unter meiner

Decke und befahl mir, mich zusammenzureißen. Schließlich wollte ich doch keine Heulsuse sein. Tatsächlich kam sie schon bald wieder und ich schlief – immer noch todmüde – wieder ein.

Als ich – wie gewohnt – vom Krähen des Hahnes geweckt wurde, fühlte ich mich anfangs wie Zuhause. Sobald ich dann aber die Augen aufschlug und merkte, dass ich mich nicht in meinem gewohnten Bett befand, brach meine kleine Welt aufs Neue in sich zusammen. Mein sehnlichster Wunsch, dass all das nur ein schrecklicher Albtraum gewesen war, war nicht in Erfüllung gegangen.

Ich drehte mich auf meine Rechte, blinzelte ein paar Mal, sprang auf und suchte überall nach dem einzigen mir bekannten Gesicht – Irma! In meiner kindlichen Naivität schaute ich sogar sicherheitshalber einmal unters Bett; doch nichts. Halbnackt lief ich die Treppen hinunter und fand schließlich dieselbe fremde Frau und einen Mann in der Küche vor. Doch keine Irma. Wer waren nun diese Leute schon wieder?

Als sie meine Verzweiflung und meinen suchenden Blick sahen, verkündete mir die Frau, dass meine Ziehschwester noch im Morgenrauen wieder abgefahren war, um mir den Abschied zu erleichtern. Ich verstand das alles nicht. Warum musste ich mich unbedingt von ihr verabschieden? Ich hatte doch mit ihr wieder nach Hause fahren wollen. Insgeheim hatte ich natürlich schon geahnt, dass ich allein hier zurückbleiben würde. Trotzdem zehrte große Enttäuschung an mir. Irma war einfach ohne ein Wort abgefahren und hatte mich allein zurückgelassen. Die Frau bat mir mit einem Lächeln an, mich zu ihnen zu setzen und zu frühstücken. Doch ich konnte nicht anders, als auf dem Absatz wieder kehrtzumachen und wieder in „mein" Zimmer zu laufen.

Meine Ziehschwester Irma und ich: *Plötzlich war sie einfach weg*

Verzweifelt warf ich mich aufs Bett und weinte unaufhörlich. Der Schmerz in meiner Brust breitete sich aus wie ein Lagerfeuer. Ich hatte niemanden mehr. Irma, Naddel … alle waren so unendlich weit von mir entfernt. Vermutlich würde ich auch meine Freunde und Klassenkameraden nie wieder sehen. Jetzt vermisste ich jeden Einzelnen, sogar jene, die ich nicht sonderlich gemocht hatte. Und ganz besonders vermisste ich meine (Zieh-)Mutter. Würde ich jetzt die dritte Klasse Grundschule in Reischach besuchen müssen? Gab es hier überhaupt eine Schule? Aber selbst wenn – alle anderen Kinder würden sich ja schon ewig lange kennen und ich wäre die Neue. Die Außenseiterin. Wäre es da nicht besser, gleich im Haus zu bleiben? Ich zitterte am ganzen Körper, selbst das Atmen fiel mir schwer und ich hatte niemanden, dem ich mein Herz ausschütten konnte. Ich fühlte mich furchtbar allein.

Wenn ich heute an diesen Tag zurückdenke, an dem ich alleine in einem fremden Haus aufgewacht bin, ohne irgendeine Bezugsperson, dann fällt es mir nicht schwer, diesen als einen der schlimmsten meines Lebens zu bezeichnen. Es schmerzt heute noch.

Kapitel 7: Die Flucht

Eine gefühlte Ewigkeit später war es dann jedoch soweit. Meine (Zieh-)Mutter aus Kaltern kam zu Besuch; und ich war seit langem einmal wieder glücklich. Wir redeten über Gott und die Welt, sie erzählte mir, wie es auf dem Hof lief und ich ihr, wie traurig ich hier ohne sie war. Daraufhin erwiderte meine (Zieh-)Mama, dass es auch ihnen nicht anders ginge. Denn sie würden mich ganz schrecklich vermissen. Das freute mich besonders. Ich war also doch vielleicht nicht nur ein unbedeutendes Nichts, das niemand haben wollte.

Augenblicklich warf ich mich in ihre Arme und wollte sie nie mehr loslassen. Nach nichts sehnte ich mich mehr, als einfach mit ihr mit nach Hause gehen zu können. Aber … vielleicht konnte ich das ja? Kaum war mir dieser Gedanke gekommen, begann ich meine (Zieh-)Mutter buchstäblich anzuflehen, dass sie mich doch mitnehmen möge. Ich wollte um jeden Preis wieder mein altes Leben zurück. Also bettelte ich, als gäbe es kein Morgen mehr, als hinge davon Leben und Tod ab; und vielleicht tat es das ja auch. »Bitte, bitte«, sagte ich, »ich halte es hier nicht aus … Du fehlst mir so schrecklich. Bitte nimm mich doch mit. Ich tue alles, was du willst. Bitte.«

Und tatsächlich: Es funktionierte! Meine (Zieh)Mutter gab schließlich eine halbe Ewigkeit später – nachdem sie mir mehrmals mitgeteilt hatte, dass sie mich nicht einfach mitnehmen könne – meinen Bitten nach. Zu der fremden Frau sagte sie, dass wir spazieren gehen würden. Aber wir beide wussten, dass es viel mehr als nur ein Spaziergang sein würde. Genauer gesagt: Sie wusste es; ich hoffte es.

Alle meine Hoffnungen und Wünsche schienen sich auf einmal zu erfüllen. Denn wir gingen tatsächlich zum Bahnhof, stiegen dort in den ersten Zug und ließen Reischach hinter uns. Meine Vorfreude wuchs, umso näher wir Kaltern kamen. Als wir schließlich den Hof erreichten, war ich unendlich froh. Richtig glückselig. Ich sprang herum und sang, war voller Lebensenergie und fühlte mich so lebendig wie schon lange nicht mehr. Das war ein schöner Tag.

Kapitel 8: Mein Leben in Scherben

Doch auch dieses Glück war mir nicht lange vergönnt. Noch am selben Abend kam der Mann von Reischach mit seinem Motorrad, um mich abzuholen. Fast noch mehr als beim letzten Mal tat der Abschied schrecklich weh. Denn meine Hoffnung, dass ich jemals wieder zu meiner (Zieh-)Mutter zurückziehen konnte, schwand dadurch noch mehr. Es fühlte sich an, als würden zehn Elefanten auf meinem Herzen herumtrampeln. Egal, was ich tat, wie sehr ich mich auch anstrengte, man interessierte sich nicht dafür, was ich mir wünschte. Und ich konnte mir einfach nicht zusammenreimen, warum. Warum man mir das antat und warum ich nicht einfach dort bleiben konnte, wo ich bisher aufgewachsen war.

Wie sich später herausstellte, handelte es sich bei dem Mann um meinen Onkel und bei der Frau, die mich anfangs geholt hatte, um die Schwester meiner leiblichen Mutter, meine Tante also. Angeblich war diese „Mutter" auch der Grund dafür, dass man mich von Kaltern nach Reischach geholt hatte. Eine weitere Sache, die ich nicht verstand. Immerhin wohnte sie selbst doch ganz woanders. Vermutlich wollte sie mich einfach näher bei sich wissen – bei ihren Verwandten. Aber war sie wirklich so selbstsüchtig, dass es ihr egal war, wie schlecht es mir dabei ging? So begann ich sie immer mehr zu hassen, ohne sie überhaupt zu kennen.

Demnach dürfte es kein Wunder sein, dass ich mich auch am Hof in Reischach instinktiv versteckte, sobald ein Besuch meiner leiblichen Mutter angekündigt wurde. Nur allzu gut konnte ich mich noch daran erinnern, wie ich im viel zu kleinen Hühnerstall hockte und vorsichtig beim kleinen Fenster hinausspähte. Ich konnte also beobachten, wie meine Tante und meine Mutter aus dem Haus traten, im Garten hin- und hergingen und meinen Namen riefen. Mein Versteck war eigentlich ziemlich sicher. Denn wer würde schon darauf kommen, dass ich mich in einem Hühnerstall versteckte? Dennoch bekam ich es plötzlich mit der Angst zu tun. Was, wenn sie mich doch fanden? Und selbst, wenn sie mich nicht entdeckten, würde meine Tante mich später sicher darauf ansprechen, wo ich gewesen war. Würde sie wohl sehr wütend sein? Konnte ich mich wirklich trauen, mich zu verstecken?

Aus Angst vor den Konsequenzen beschloss ich schließlich, meine Tarnung aufzugeben und aus meinem Versteck zu kommen. Natürlich bereute ich es im Nachhinein. Denn so wenig ich meine Mutter auch kannte, ich mochte sie einfach nicht. Dafür hatte sie mir schon zu viel angetan. Dennoch war die Hauptsache, dass meine Tante nicht böse auf mich war. So kam es, dass ich mich auch die nächsten Male nicht mehr vor meiner Mutter versteckte. Allerdings bekam ich immer furchtbare Zahn- und Bauchschmerzen, sobald ihr Besuch auch nur angekündigt wurde.

Kapitel 9: Mein „neues" Leben

Tagein, tagaus hockte ich in irgendeinem Winkel und war ständig traurig, wobei traurig noch untertrieben war. Die Trauer begann mich von innen heraus aufzufressen.

Besonders die Ecke am Fenster meines Zimmers war zu meinem Stammplatz geworden. Immerzu saß ich dort und starrte mit melancholischem Blick hinaus auf den Weg, beobachtete wie die Bäume sich im Wind bogen und ihre Blätter nach und nach verloren. Die regnerischen Tage spiegelten meine Gefühle wider. Aber selbst an sonnigen Tagen wurde ich nicht fröhlicher. Ich wartete und wartete, dass mich meine (Zieh-)Mama wieder holen käme, schwelgte in glücklichen Erinnerungen und erträumte mir jene Zeit zurück. Doch nichts davon half auch nur im Entferntesten. Mein Optimismus, dass irgendwann alles wieder gut werden würde, schwand von Tag zu Tag.

Schon bald wurde es dann auch nicht mehr akzeptiert, dass ich untätig dasaß und mir meine Zeit mit sinnlosen Gedanken vertrieb. Denn nur einen Monat nach meiner Ankunft in Reischach starb meine Tante bei der Geburt ihres Kindes. Mein Onkel – ihr Mann – und dessen zwei Schwestern blieben mit mir, dem Neugeborenen sowie dem Knecht zurück und mussten zusehen, dass der Hof nicht in den Ruin getrieben wurde, damit wir auch weiterhin genug zu essen hatten. Zusätzlich arbeitete mein Onkel deshalb bei der Forst.

Trotz der finanziellen Schwierigkeiten, durfte ich allerdings weiterhin zur Schule gehen, was mich freute, da ich mich mittlerweile sogar mit ein paar Klassenkameradinnen etwas angefreundet hatte. Und das war alles andere als leicht für mich gewesen. Denn in der Schule verhielt ich mich genauso wie Zuhause: immer sehr still. Nie benahm ich mich auffallend und rebellisch wie viele andere in meiner Klasse, die geradezu um Aufmerksamkeit rangen und dem Lehrer Streiche spielten, indem sie ihm zum Beispiel den Stuhl unter dem Gesäß wegzogen, als er sich setzen wollte. Außerdem war ich in keinem Fach die Beste, bereitete jedoch niemandem Probleme und kam immer irgendwie durch.

Außerhalb der Schule musste allerdings auch ich mich nun am Hofleben beteiligen. Schließlich war die Familie groß und es galt viele hungrige Mäuler zu stopfen. So half ich zunehmend im Haushalt mit. Meine Hauptaufgabe jedoch war es, auf meine kleine Cousine aufzupassen, während die anderen auf dem Feld waren. Und tatsächlich lenkte es mich ab und bereitete mir sogar ein kleines bisschen Freude, mit dem Kinderwagen spazieren zu gehen, mit dem Baby herumzualbern und zu spielen. Ich liebte es zum Beispiel, wie sie lachte und quiekte, wenn ich sie kitzelte und wie sie gespannt zuhörte, sobald ich ihr eine Geschichte erzählte. Manchmal ertappte ich mich sogar dabei, wie ich lächelte und nach und nach sogar wieder lachte, wo ich doch gedacht hatte, dass mir diese Fähigkeit für immer abhandengekommen sei. Damals war sie noch ein Baby, doch je größer sie wurde, desto mehr wurde sie zu meiner

Freundin und Verbündeten. So kam es auch, dass ich mit der Zeit immer weniger an meine (Zieh-)Mutter dachte und mich zunehmend wohler auf dem Hof meines Onkels fühlte.

Meine kleine Cousine und ich: »Sie brachte mich zum Lachen«

Kapitel 10: Die Kutsche

Drei Jahre waren mittlerweile vergangen, seitdem ich bei meinen Tanten und meinem Onkel eingezogen war. Nun war ich also elf Jahre alt. Und schon wieder sollte ich gehen. Diesmal war es meine Großmutter, die mich zu sich nach St. Martin holen wollte.

Gemeinsam mit ihrem Knecht kam sie damals mit der Kutsche angeritten, als die anderen gerade auf dem Feld waren und wollte mich einfach mitnehmen. Doch so einfach würde ich es ihr nicht machen. Warum musste ich immer wieder fort, sobald ich mich gerade erst wieder zurechtgefunden hatte? Nein, diesmal würde ich bestimmt nicht mitgehen. Ehe sich die beiden versahen, rannte ich so schnell ich konnte die Treppen hinauf und schloss mich im Wohnzimmer ein. Ich hatte es geschafft! Kurz atmete ich auf. Aber nur wenige Sekunden später hämmerte die ältere, aber anscheinend noch sehr kräftige Frau, bereits wie wild gegen die Tür, sodass ich Angst hatte, sie würde sie jeden Augenblick einschlagen. Außerdem schrie sie lauthals: »Mach die Tür auf du ungebildeter Frotze[1], sonst wasch ich dir mal richtig den Kopf!« In meinem Kopf ratterte es nur so und ich zitterte am ganzen Körper. Was sollte ich bloß tun? Wahrscheinlich würde die Holztür ohnehin bald nachgeben und dann wäre ich in einer Sackgasse gefangen.

---

[1] Übersetzt: freches Kind; Göre

Vor lauter Angst machte ich die Tür also doch wieder auf und stellte mich dem Unvermeidlichen. Wütend schnaubend trat meine Großmutter herein, packte mich am Handgelenk und zog mich die Treppen hinunter.

Als wir schließlich schon fast bei der Kutsche angekommen waren, entflammte sich allerdings noch einmal der Lebensgeist in mir: Ich schrie um mein Leben und hielt mich mit meiner freien Hand so verzweifelt am Zaun fest, dass sich große Splitter in meine Hände rammten. Doch das war mir in diesem Moment egal. Das Einzige, was zählte, war, dass ich hier bleiben konnte. In meinem neuen Zuhause.

Zornig herrschte meine Großmutter den Knecht an, dass er ihr gefälligst helfen solle. Jenem schien jedoch nicht ganz wohl bei der Sache zu sein, weshalb er kleinlaut erwiderte: »Nein, ich kann nicht, ich mach da nicht mit.« Meine Großmutter aber war stark und mir ging nach einiger Zeit auch das letzte bisschen Kraft aus, weswegen sie es schließlich schaffte, mich in die Kutsche zu hieven und fortzufahren – nach St. Martin.

Kapitel 11: Das Ende?

Selbst in der Nacht konnte ich keine Ruhe finden. Ich starrte an die Decke, wälzte mich von einer Seite auf die andere und dachte an meinen Onkel, meine Tanten, meine Cousine und meine Freundinnen in Reischach; an einfach alle, die mir in den letzten drei Jahren ans Herz gewachsen waren. Ich war stolz auf mich gewesen, dass ich nicht in meiner Trauer versunken war und mir ein neues Leben aufgebaut hatte. Doch nun … würde ich vermutlich auch all diese Menschen nie wieder sehen. Als ich das realisierte, gab es für meine Tränen kein Halten mehr. Nun hatte ich wieder niemanden. Mein Heulen wurde vom Kopfkissen erstickt. Ich wollte nicht noch einmal von vorn anfangen. Bis spät in die Nacht weinte ich. »Was hat mein Leben jetzt noch für einen Sinn«, dachte ich mir.

Irgendwann musste ich wohl vor Erschöpfung eingedöst sein. Denn erst als ich spürte, wie jemand an mir rüttelte und meinen Namen rief, kam ich wieder zu mir. Verwirrt schreckte ich hoch und sah mich um. Ich wusste nicht, wo ich war, bis es mir dann doch wieder einfiel. Erneut verfiel ich einer tiefen Traurigkeit.

Wie früher hockte ich stets auf der Fensterbank, schaute aus dem Fenster und weinte bitterlich. Der einzige Unterschied: Dass es nicht dieselbe Fensterbank war. Ich war erschöpft. Einfach alles fühlte sich anstrengend an. Sogar morgens das Aufstehen. Mir fehlte alle Kraft. Am liebsten

wollte ich einfach nur schlafen. Eigentlich kein Wunder: Denn mein Herz
– das ich ständig mit mir herumtrug – war schwer. Unendlich schwer. Wie
Blei. All die Geschehnisse, das ewige Hin und Her, zehrten an mir. Ich
wünschte mir einfach, dass alles ein Ende hatte. So oder so. Aber ich
kämpfte weiter. Sehnlichst hoffte ich, dass doch noch jemand kommen
würde, um mich zu holen.

Kapitel 12: Außer Puste

Einige Stunden später saß ich immer noch am selben Ort, da ich außer aus dem Fenster zu starren, hier nicht gerade viele Beschäftigungen hatte. Bisher hatte ich zwar nicht viel mehr als ein paar Vögel zu sehen bekommen, aber dennoch war es nach wie vor die beste Möglichkeit, um mich von meinem eigenen Leben abzulenken.

Auf einmal sah ich allerdings noch etwas anderes außer den Vögeln. In der Ferne bewegte sich ein schwarzer Punkt. Der Punkt wurde immer größer und ließ sich schon bald als Mensch identifizieren. Ob meine Großmutter wohl Freunde hatte? Bisher hatten wir noch nicht viel miteinander gesprochen, was mich aber auch nicht wirklich störte. Immerhin wurde mir durch sie wieder alles genommen, was ich mir aufgebaut hatte. Ob wohl auch sie von meiner Mutter beauftragt worden war?

Je näher die Person kam, desto mehr konnte man erkennen. Mittlerweile konnte ich eindeutig sagen, dass es ein Mann war. Ich strengte meine Augen noch mehr an und konnte kaum glauben, was oder besser gesagt, wen ich sah. Es war doch tatsächlich mein Onkel aus Reischach und er war schon ganz nah!
Beinahe hatte ich die Hoffnung aufgegeben, dass er noch kommen würde. Doch augenscheinlich ließ er mich nicht im Stich. Durch die undichten Fenster konnte ich nämlich laut und deutlich hören, wie er meine

Großmutter anschrie, dass man so doch nicht mit einem Kind umgehen könne. So wütend hatte ich meinen Onkel nur selten erlebt. Innerlich machte ich Luftsprünge, weil er sich so für mich einsetzte. Ich war ihm nicht egal!

Meine Freude wurde noch größer, als ich seine Schritte auf der Treppe hörte. Er würde mich holen kommen. Da war ich mir ganz sicher.

Tatsächlich stand er auch schon wenig später in meiner Tür und betonte mehrfach, wie leid ihm all das tue, und dass er schon viel eher hatte kommen wollen. Außerdem erzählte er mir, dass ihn ein Nachbar am Abend des Tages, an dem mich meine Großmutter geholt hatte, fragte, ob er ein Schwein abgestochen hatte, so laut hätte ich geschrien. Natürlich wusste ich selbst nur zu gut, wie viel Schmerz in diesem Schrei gesteckt hatte. Aber das war Vergangenheit. Alles, was jetzt zählte, war, dass ich wieder mit meinem Onkel nach Reischach gehen durfte. Deshalb fragte ich leise: »Du nimmst mich doch mit, nicht wahr?«

Mitleid stand meinem Onkel ins Gesicht geschrieben. Er schien sichtlich zu überlegen und brauchte für seine Antwort so lange, dass ich schon Angst hatte, er würde mich doch hierlassen. Und tatsächlich erwiderte er, dass er mich nicht mitnehmen könne, weil er zur Arbeit zurückmüsse.

Ich war schon kurz davor wieder in Tränen auszubrechen. Da fügte er zu meiner Freude noch hinzu, dass ich trotzdem schnell meine Sachen packen sollte. Dann würde er mir den Weg nach Reischach zeigen. Das musste er mir nicht zweimal sagen! Meine Sachen hatte ich sowieso gleich beisammen; denn über mehr als meine Schultasche verfügte ich eh nicht.

Meine Schultasche: *Mein ganzes Hab und Gut*

Dann lief ich. Über Ausluigen nach Stefansdorf, bis ich nach einer halben Ewigkeit schließlich Reischach erreicht hatte. Selten in meinem Leben war ich so schnell gerannt. Ich hörte das Blut in meinen Adern rauschen und spürte, wie sich mein Puls beschleunigte. Es war ein gutes Gefühl. Ich lief schneller und schneller, hatte Angst, dass mir doch noch jemand nachkommen und mich zurückholen würde. Immer wieder stolperte ich und knackste um. Ich spürte einen pochenden Schmerz – aber nicht den in meinen Füßen, die schon ganz wundgelaufen waren, nein, den ignorierte ich. Viel mehr schmerzte mein Herz vor Sehnsucht, endlich wieder nach Hause zu kommen. Nach Hause? Mein zweites „Zuhause". Trotzdem hoffte ich, nun endlich hier bleiben zu können.

Irgendwann in der Nacht kam ich am Hof an, total durchgefroren, ausgelaugt und müde. Aber unendlich froh, angekommen zu sein. Ich klopfte und keine Sekunde später öffnete sich bereits die Tür. Mein Onkel hatte mich schon erwartet.

Kapitel 13: Meine „Mutter"

Ich wollte nichts mehr, als für immer hierbleiben zu können. Doch mein sehnlichster Wunsch sollte auch dieses Mal nicht in Erfüllung gehen. Denn schon einige Monate später stand meine angebliche Mutter vor der Tür und zerrte mich ohne Widerrede mit sich nach Welsberg. Ich hatte keine Kraft mehr, mich zu wehren. Leise weinte ich vor mich hin und verfluchte mein Leben. »Warum ich?«, fragte ich mich immer wieder.

Alle meine Freundinnen und Verwandten hatten eine Familie, der sie vertrauen konnten, die ihnen aufmerksam zuhörte und unter die Arme griff, wenn sie nicht mehr weiterwussten. Keiner von ihnen hatte auch nur einmal von zu Hause wegmüssen und ich jetzt schon das vierte Mal. Nein – ich hatte nicht mal ein Zuhause. Ich hatte niemanden, an den ich mich wenden konnte, ich hatte keine Mutter und keinen Vater so wie es andere hatten. Und immer, wenn ich glaubte, neue Ersatzeltern gefunden zu haben, wurden sie mir kurz darauf wieder weggenommen. Selbst meine wenigen Freundinnen musste ich zurücklassen.

Ich konnte diesen Schmerz nicht mehr ertragen, diesen Verlust. In meinem Bauch brodelte es. Meine Wut wurde immer größer. Wieso hatte eine andere Frau, die ich nicht einmal kannte, das Recht, so über mein Leben zu entscheiden? Und warum unternahm niemand etwas dagegen? Warum unternahm ich nichts dagegen? Es war mein Leben! Verdammt! Ich wollte sie anschreien, ihr ins Gesicht schlagen, ihren Kopf schütteln, damit sie endlich verstand, dass ich einfach nicht zu einer anderen Familie wollte. Dass ich mir mehr als alles andere ein Zuhause wünschte.

Aber mein Mund blieb stumm und mein Körper untätig. Zu sehr stand ich unter Schock. Zu groß war die Angst, was passieren könnte, wenn ich mich zur Wehr setzte. Obwohl ... Könnte es überhaupt noch schlimmer werden? Was gäbe es Schlimmeres, als von hier weg zu müssen und wieder neu anzufangen? Mir wieder ein neues Leben aufzubauen? Welchen Sinn hatte ein solches Leben überhaupt? ... Ich versuchte mich darauf zu konzentrieren, dass alles irgendwann besser werden würde. Nur noch sieben Jahre, dann wurde ich 21 und ich konnte machen, was ich wollte. Konnte entscheiden, wohin ich gehen wollte. Nur noch sieben Jahre, dann konnte ich vielleicht endlich ein Zuhause finden ...

Meine „Mutter": Warum tut sie mir das an?

Kapitel 14: Mein Leben in Angst

Wieder krachte es ganz entsetzlich. Diesmal musste es wohl ein Stuhl gewesen sein, der umgeflogen war. Ängstlich hatte ich mich hinter meinem Vorhang versteckt und hielt mir die Ohren zu. Trotzdem konnte ich das Geschrei meines Stiefvaters Fritz Wassermann nicht ausblenden. Auch wenn ich für meine Mutter nicht dasselbe empfinden konnte, wie andere Kinder für ihre Mutter, so tat sie mir doch zumindest ein bisschen leid. Ich konnte sie förmlich vor mir sehen, wie sie morgen früh vor der Arbeit versuchen wird, die verheulten Augen zu überschminken und die blauen Flecken sowie die zahlreichen Blutergüsse zu verstecken. Dann wird sie so tun, als wäre nichts geschehen oder sie wird – falls sie doch einmal jemand darauf ansprach – behaupten, sie sei tollpatschigerweise gestürzt. Dabei wusste ich es ohnehin besser. Ich hatte furchtbare Angst, selbst Opfer meines Stiefvaters zu werden. Bisher hatte er mich immer verschont; aber wer wusste schon, wie lange das noch so bleiben würde? Folglich versteckte ich mich gerade nicht nur hinter dem Vorhang, weil ich es nicht ertragen konnte, dass er meine Mutter schlug, sondern vielmehr, weil ich Angst hatte, dass er danach noch nicht genug hatte und dann zu mir hochkommen würde. Öfters wurde ich deshalb in letzter Zeit von Albträumen geplagt und litt unter Schlafstörungen.

Unaufhaltsam kullerten mir Tränen über die Wangen. Dieser Ort war mir von allen bisher der unliebste, obwohl ich sogar ziemlich schnell neue Freunde in der Nachbarschaft gefunden hatte. Trotzdem fühlte ich mich unglaublich einsam. Die Traurigkeit in mir war unbeschreiblich groß. Sie füllte mich aus, fraß mich von innen heraus auf.

Am liebsten wäre ich natürlich wieder zu den Nachbarn gerannt. Doch heute gab es aus meinem Zimmer kein Entrinnen, ohne gesehen zu werden; und das wollte ich natürlich tunlichst vermeiden. Außerdem hoffte ich inständig, dass Fritz – wie meistens – bald schon wieder gehen würde; wohin auch immer. Denn normalerweise kam er nur zum Essen und Schlafen nach Hause. Die restliche Zeit verbrachte er meist im Gasthaus oder bei der Nachbarin, bei der es anscheinend besonders viele Arbeiten für einen Tischler, wie meinen Stiefvater, zu erledigen gab.

Kapitel 15: Der Carabinieri

Seit Kurzem war nun meine sechs Jahre ältere Schwester bei uns ausgezogen. Besser gesagt: Sie wurde von Fritz aus dem Haus gejagt, weil sie sich mit Soldaten des deutschen Militärs abgegeben hatte. Wo das Problem daran lag? Verstand ich genauso wenig, wie viele andere Dinge auch. Schließlich redete sie ja bloß mit ihnen. Meiner Meinung nach war Fritz einfach nur eifersüchtig. Und weil sie sich nicht an seine Spielregeln halten wollte, schmiss er sie einfach raus. Seitdem war hier alles nur noch schlimmer geworden. Fritz verhielt sich noch aggressiver als früher. Aber meine Schwester hatte es nun gut. Denn soweit ich wusste, hatte sie in der Gemeinde Welsberg, wo sie arbeitete, einen Brixner kennengelernt, mit dem sie schon bald zusammenziehen und heiraten wollte. Bald würde sie also in Brixen sein, was wiederum bedeutete, dass ich sie wohl in absehbarer Zeit nicht mehr sah.

Ach, … wie ich sie beneidete. Sie hatte ein Zuhause gefunden. Ich jedoch war hier gefangen, bei zwei Menschen, die ich kaum kannte und war ganz auf mich allein gestellt. Ich konnte es kaum erwarten von hier weg zu kommen. Doch ich wusste, dass ich bald schon 16 wurde. Dann wären es nur noch fünf Jahre, bis ich frei war und hoffentlich ein richtiges Zuhause finden würde. Aber bis es so weit war, würde ich weiterhin fleißig die Schule in Welsberg besuchen, damit ich auch echte Chancen hatte, nachher so schnell wie möglich einen Job zu finden und endlich ausziehen zu können.

Außerdem ging ich mittlerweile eigentlich nicht ganz ungern zur Schule, weil es für mich ein sicherer Ort war, an dem ich keine Angst zu haben brauchte. Den Weg dorthin hätte ich allerdings gerne vermieden. Denn schon einmal wurde ich auf meinem Nachhauseweg von einem Mann mittleren Alters aufgehalten und gefragt, wie ich heiße und woher ich komme. Damals beantwortete ich diese Fragen wahrheitsgemäß, da ich dachte, es sei ein Carabinieri.

Als ich allerdings später meiner Mutter aufgeregt erzählte, dass mich heute wahrscheinlich die Carabinieri holen würden, weil sich ein Mann nach mir erkundigt hatte, sagte diese mir nach langem Zögern, dass es wahrscheinlich mein leiblicher Vater gewesen sei. Das war natürlich ein Schock für mich. Und ich glaube für sie auch. Denn wahrscheinlich hatte sie mir deswegen den falschen Nachnamen ‚Sinner‘ gegeben, damit ich nicht gefunden wurde. Schließlich hieß mein leiblicher Vater angeblich ‚Von Kempter‘ und sie selbst ‚Hellweger‘. Später wurde ich dann nochmals umgetauft und bekam den Namen ‚Wassermann‘, als ich von Fritz adoptiert wurde. Auch wenn ich also nicht sicher war, ob mich mein leiblicher Vater trotz meines falschen Namens erkannt hatte, hatte ich von nun an immer Angst, dass er mir noch einmal auf dem Schulweg auflauern und mich am Ende noch mitnehmen würde.

Kapitel 16: Eine schwere Entscheidung

Endlich war ich 16! Das Beste daran: Ich konnte nun sogar in Bruneck zur Schule gehen und bekam wie alle anderen ein Zimmer in der Stadt zur Verfügung gestellt. Drei Jahre lang machte ich also eine Lehre als Verkäuferin beim ‚Webhofer', wobei mir besonders meine Kameradin Fini ans Herz wuchs. Als diese mich dann jedoch plötzlich fragte, ob ich mit ihr nach Mailand fahren möchte, war ich hin- und hergerissen. Einerseits war der Gedanke, von hier wegzukommen und einmal im Leben eine so große Stadt zu sehen, sehr reizvoll. Andererseits fehlte mir noch ein Monat bis zu meinem Ausbildungsende. Möglicherweise würde ich durch die Reise also alles verlieren, was ich mir in den letzten drei Jahren aufgebaut hatte. Nein, das konnte ich nicht riskieren.

Da mir der Gedanke, dass es sich dabei um eine einmalige Chance handeln könnte, jedoch einfach keine Ruhe ließ, überredete ich schließlich Fini, meinen Chef zu fragen. Immerhin war er eigentlich ganz nett. Dennoch war ich mir ziemlich sicher, dass er unsere Bitte ablehnen würde. Aber wie man so schön sagte: Fragen kostete ja nichts. Also fragte Fini ihn – und es lohnte sich! Zu meinem Überraschen stimmte Herr Willy zu. Wir durften tatsächlich fahren!

Allerdings wollte ich mich noch nicht zu früh freuen; denn ein Problem gab es noch: Normalerweise musste man die Haushaltungsschule in Mailand ein Jahr lang besuchen. Dafür würde jedoch unser Geld nicht reichen. Schließlich hatten wir bis jetzt zwar viel gearbeitet, aber noch nie richtig verdient. Aber auch das sollte uns nicht im Wege stehen. Kurzerhand beschlossen wir, der Schule einen Brief zu schreiben, indem wir höflich und natürlich in unserem besten Italienisch fragten, ob denn nicht ein kürzerer Aufenthalt möglich sei. Und tatsächlich konnten wir uns mit dem Rektor auf ein halbes Jahr einigen. So viel Glück hatte ich noch nie gehabt! Meine Freude war unsagbar groß. Ich konnte es gar nicht mehr erwarten, in den Zug zu steigen ...

Fini und Ich in Mailand: *Schön und traurig zugleich*

Kaum waren wir angekommen, verging die Zeit auch schon wie im Flug. Schlussendlich sahen wir von Mailand natürlich nicht viel. Denn wenn wir nicht gerade in der Schule putzen und kochen lernten, dann arbeiteten wir meist, um uns ein paar Lire zu verdienen. Viel bekamen wir dabei jedoch nicht; und das, was wir bekamen, war schon bald wieder ausgegeben. So kostete es mich beispielsweise ein ganzes Monatsgehalt, als mir aus Versehen eine Schüssel zu Boden fiel und zerbrach. So viel zu: »Scherben bringen Glück«. Reicher wurde ich in Mailand also nicht. Dennoch war es die Erfahrung auf jeden Fall wert.

Das Traurige daran war allerdings, dass ich mich nach dieser schweren, aber schönen Zeit nicht nur von Mailand, sondern ebenso von meiner engsten Freundin Fini verabschieden musste. Mein Herz schmerzte schon, sobald ich nur daran dachte, dass ich sie wahrscheinlich nie wieder sehen würde. Auch sie war traurig. Trotzdem: Fini musste wieder nach Pfunders zurückkehren. Zu ihrer Familie. Einer Familie, die zu Hause auf sie wartete und sich unsäglich freute, sie wieder in die Arme schließen zu können. Und ich? Ich hatte wieder niemanden mehr.

Kapitel 17: Auf der Suche …

Als ich nach Welsberg zurückkam, war mein größtes Ziel, so schnell wie möglich eine Arbeit zu finden und auszuziehen. So fragte ich unter anderem meinen Cousin, ob er nicht etwas wüsste, wo ich anfangen könnte. Schließlich war er Viehhändler und kam somit viel umher.

Tatsächlich besuchte er mich bereits nach acht Tagen und meinte, er habe einen Arbeitsplatz für mich gefunden. Allerdings sei es bloß eine Bäckerei in Sexten. Ich war jedoch nicht, wie er vermutet hatte, enttäuscht darüber, sondern ganz im Gegenteil überglücklich, einen Job zu haben und antwortete beschwingt: »Das ist doch perfekt zum Anfangen. Immerhin gibt es in einer Bäckerei ja weniger Produkte als in anderen Läden.« Daraufhin musste mein Cousin schmunzeln und trug mir auf, meine sieben Sachen zu packen. In acht Tagen würde er mich dann holen kommen und nach Sexten bringen. Eigentlich keine lange Zeit. Doch mir schien sie unendlich. Ein Tag verging langsamer als der andere und je näher der Tag kam, an dem mich mein Cousin abholen würde, desto aufgeregter wurde ich. Was wenn ich nicht gut genug war und man mich schon bald wieder feuern würde? Zweifel plagten mich. Aber meine Vorfreude war noch viel größer. In dem Moment wünschte ich mir nichts sehnlicher, als so bald wie möglich bei meiner neuen Arbeit anfangen zu können.

Bäckerei ‚Mondschein‘: *Meine Vorfreude war groß*

Ein paar lange Tage und schlaflose Nächte später war es dann endlich soweit: Mein Cousin brachte mich zur Bäckerei ‚Mondschein‘, welche mit einem Gasthaus und einer Bauernschaft verbunden war, und meinte zum Besitzer Anton Stabinger: »Do osche[2]«. Ich muss heute noch lachen, wenn ich daran zurückdenke.

---

[2] Übersetzt: Da hast du.

Der Chef antwortete allerdings etwas zögerlich, dass er mittlerweile eigentlich schon eine Verkäuferin gefunden habe und niemanden mehr bräuchte. Meine Gesichtszüge versteiften sich. Hatte er das gerade wirklich gesagt? Jetzt hatte ich mich so lange auf meine neue Arbeit gefreut und nun würde ich einfach wieder gehen müssen, ohne überhaupt zeigen zu können, was ich konnte. In mir machte sich bereits die Enttäuschung breit. Aber mein Cousin gab nicht so schnell auf und beteuerte, dass man mich alles anstellen könne und es ein Fehler wäre, mich nicht zu nehmen. So kam es, dass ich schlussendlich doch noch beim ‚Mondschein‘ bleiben konnte.

Kapitel 18: Happy End?

Nach einiger Zeit meinte die Mutter von Herrn Stabinger zu ihm: »Wenn ich gewusst hätte, dass du immer im Laden bist, hätten wir keine Verkäuferin gebraucht.« Warum sagte sie das bloß? Wollte sie, dass ich ging? Da ich großen Respekt vor ihr hatte, sagte ich zu Herrn Stabinger, dass ich schon auch gehen könne, wenn er mich hier nicht brauchte. Ich selbst wollte natürlich auf keinen Fall gehen; doch ich wollte mich genauso wenig aufzwingen. Herr Stabinger allerdings ließ mir gar keine Zeit, länger darüber nachzudenken und entgegnete mir sofort und entschlossen: »Auf keinen Fall! Hör bloß nicht auf meine Mutter.«

Erst später fiel mir zunehmend auf, dass sich mein Chef ständig in meiner Nähe aufhielt und ab und zu sogar mit mir flirtete. Da wir jeden Tag beieinander waren, hatten wir uns schnell besser kennengelernt und ich merkte, dass ich ihn wirklich gern hatte. Zu gerne, um nur mit ihm befreundet zu sein. Er sah es nicht anders.

Anton Stabinger und ich: »*Er war nicht nur ein guter Tanzpartner ...*«

So kam es, dass wir bereits im Februar – eineinhalb Jahre nachdem ich nach Sexten gekommen war – »Ja« zueinander sagten und aus Herrn Stabinger mein geliebter Anton wurde. Er war meine erste und einzige Liebe. Mit ihm konnte ich über Gott und die Welt reden und lachen, bis mir der Bauch weh tat. Endlich hatte ich eine Bezugsperson, mit der ich über meine Träume und Ziele genauso sprechen konnte wie über meine Sorgen und Ängste.

Als wir einander die Ringe ansteckten und uns küssten, hatte ich Tränen in den Augen. Nun stand einem gemeinsamen Leben nichts mehr im

Wege. Obwohl ich mit meinen 21 Jahren noch sehr jung war, wusste ich, dass es das einzig Richtige war, meinen vier Jahre älteren Anton zu heiraten. Es machte mich glücklich zu wissen, dass ich nie wieder woanders hingehen musste und dass ich endlich das gefunden hatte, nach dem ich mich so lange gesehnt hatte: ein Zuhause. Eine Familie zu haben, war für mich das schönste Geschenk auf Erden.

23. 02. 1960: *Unser Hochzeitstag*

Kapitel 19: »Warum?«

Ein paar Jahre nachdem ich nach Sexten gezogen war, trennte sich schließlich meine Mutter von ihrem Mann und baute sich ein eigenes Haus, weshalb ich sie dann später doch das eine oder andere Mal besuchen kam. Dennoch konnte ich nie so etwas wie Mutterliebe für sie empfinden. Dieses Gefühl würde mir immer verwehrt bleiben. Nie hatte ich es geschafft das Wort »Mama«, zu sagen. Beim Gedanken daran, zieht sich mir heute noch mein Herz zusammen. Es tut weh. Vor allem wenn ich sehe, wie andere mit ihrer Mutter umgehen und wie gern sie diese haben. Ich jedoch hasste meine Mutter dafür, dass sie mich weggegeben hatte und ich hasste sie dafür, dass sie sich trotzdem – Jahre später – in mein Leben eingemischt hatte und mich von einer Familie in die andere schickte.

»Warum?« Dieses eine Wort, diese eine Frage spukte mir ständig im Kopf herum. Denn so sehr ich mich auch anstrengte, einen sinnvollen Grund dafür konnte ich einfach nicht finden. Warum musste ich meine Ziehmutter – die mittlerweile tot ist – damals verlassen? Warum interessierte sich meine leibliche Mutter auf einmal für mich? Warum schickte sie mich jahrelang von Haus zu Haus, bevor sie mich schließlich zu sich holte? Warum durfte ich nirgendwo länger bleiben, mein Bruder hingegen schon? Ich verstand es nicht; aber meine Mutter sprach nie darüber und ich traute mich nicht zu fragen. Zu groß war meine Angst.

Und schließlich war es dann zu spät. Im Alter von 94 Jahren starb sie. Bis heute bereue ich, ihr all diese Fragen zu ihren Lebzeiten nicht mehr gestellt zu haben. Denn wie ich später herausfand, hatte sie vor ihren sechs Schwestern so gut wie alles verheimlicht. So wusste zum Beispiel meine Verwandtschaft in St. Lorenzen noch nicht einmal, dass ich existierte. Auch der Bruder meiner Mutter, welcher als einziger eingeweiht gewesen war, konnte mir diese Fragen nicht beantworten. Also versuchte ich, mir nach wie vor alles möglichst egal sein zu lassen – auch wenn mir das natürlich bei Weitem nicht immer gelang.

Epilog

In meiner Kindheit und Jugend hatte ich viel Zeit damit verbracht, in einem Eck zu hocken und mir die Seele aus dem Leib zu weinen. Das Einzige, was mir durch diese schwere Zeit half, war der Gedanke »Augen zu und durch« und die Hoffnung, dass es doch noch irgendwann besser würde. Anders gesagt: Das Vertrauen darauf, dass alles zu seinem Besten werden würde.

Ständig hatte ich Heimweh. Denn immer, wenn ich gerade angefangen hatte, mich an mein neues Zuhause zu gewöhnen, musste ich wieder gehen. So war ich immer auf der Suche nach einem Platz gewesen, wo ich daheim war. Einem Zuhause, wie andere es hatten. Das war mein größter Wunsch und dank meinem Mann Anton ging dieser Wunsch schlussendlich doch noch in Erfüllung.

Einen ganz besonders großen Dank möchte ich in diesem Buch deshalb meinem lieben – auch wenn leider schon verstorbenen – Mann aussprechen.

*Anton Stabinger: *1927-†14.12.2020*

Er war mein Retter. Denn obwohl er im hohen Alter mit seiner Demenz zu kämpfen hatte, war er mir stets ein treuer und liebevoller Ehemann gewesen und schenkte mir nicht nur ein Zuhause, sondern auch meine fünf wunderbaren Kinder: Christl, Wolfram, Evi, Karl und Karin. Ihnen sowie meinen zehn Enkeln und mittlerweile zwölf Urenkelkindern verdanke ich, dass ich mich trotz des Todes meines Mannes nie alleine fühle. Ich habe immer jemanden, der mir unter die Arme greift, mir zuhört und mich zum Lachen bringt. Und dafür bin ich unendlich und von ganzem Herzen dankbar; weil ich weiß, dass es nicht selbstverständlich ist.

So werde ich zwar nie erfahren, wie es ist, richtige Eltern zu haben, aber zumindest weiß ich nun, wie es sich anfühlt, eine Familie zu haben und glücklich zu sein.

Ich – Celine Pescoller – wurde im Jahr 2002 in Innichen geboren und lebe nach wie vor in Sexten, einem kleinen, aber schönen Dorf im Hochpustertal. Schon früh habe ich eine große Leidenschaft für das Schreiben von Literatur entwickelt, was mich zu meinem Germanistikstudium an der Universität Innsbruck führte. Nun durfte ich jene Leidenschaft in dieser Biografie über das mitreißende Leben von Marianna verwirklichen. Mein Ziel ist es dabei, die Herzen der Leser:innen zu berühren und Mariannas bewegende Geschichte so zu erzählen, dass sie niemals in Vergessenheit gerät.